Königskinderland

Das Hohelied der Fröhlichkeit

von Hans-Jürgen Sträter

<u>Impressum:</u>	**Königskinderland**
	Das Hohelied der Fröhlichkeit
	7. Auflage vom 20. September 2024
	von Hans-Jürgen Sträter
ISBN:	978-3-8370-3721-0
Herausgeber:	Adlerstein Verlag
Illustrationen:	Ingeborg Burghard
Coverbild:	Udo Gritzan

Verlag: BoD • Books on Demand GmbH, In de Tarpen 42, 22848 Norderstedt
Druck: Libri Plureos GmbH, Friedensallee 273, 22763 Hamburg

„Wenn der Heiland, wenn der Heiland in Kürze erscheint,

Königskinder bei dem Vater auf ewig vereint,

o dann werden sie glänzen, so fröhlich und rein,

mit den Kronen des Lebens wie Edelgestein.“

„Seid allezeit fröhlich,

betet ohne Unterlass,

seid dankbar in allen Dingen;

denn das ist der Wille Gottes

in Christus Jesus an euch.“

1. Thessalonicher 5, 16. – 18.

<table>
<tr><td>Inhaltsverzeichnis</td><td>Seite</td></tr>
</table>

Seite

„Lasst die Kinder zu mir kommen

und wehret ihnen nicht; denn solchen

gehört das Reich Gottes.

Wahrlich, ich sage euch: Wer das Reich

Gottes nicht empfängt wie ein Kind,

der wird nicht hineinkommen. "

Markus 10, aus 14. und 15.

Vorwort

Kinder sind Engel der Fröhlichkeit, ihre Botschaft ist leicht ansteckend. Sie sind noch „halb im Himmel". Und wenn wir auch so fröhlich sein können, wie sie, dann sind wir ebenfalls schon „halb im Himmel"!

Fröhlichkeit ist Freude, die sich anderen mitteilt. Durch ein Lachen oder strahlendes Gesicht, Musik und Gesang, sowie vielen anderen Dingen.

Aber heute sind Millionen Kinder lange nicht mehr „halb im Himmel", sondern „ganz in der Hölle"! Diese Kinder haben Hunger nach Liebe und Brot, sie werden versklavt, vergewaltigt, sogar in den Krieg geschickt.

Unser Buch möchte die Freude an und mit Kindern bewusst machen, wecken mit fröhlichen Versen und Bildern. Dazu auch durch Beispiele wunderbarer Menschen aus der Vergangenheit und Gegenwart, deren Leben den Inhalt hatte und hat, uns alle fröhlich zu machen.

Echte Fröhlichkeit kommt aus der „Frohen Botschaft" von Jesus Christus. Die gibt uns in dieser Welt, wo so viel Leid und Elend vorhanden sind, Kraft, Trost und Hoffnung, auch auf sein baldiges Wiederkommen…

Lassen wir uns doch die Frage eines Dichters stellen:

„Kannst ein Lächeln du erneu'n,

nur ein Kinderherz erfreun?"

Braunschweig, 20. September 2024, Hans-Jürgen Sträter

„Sind das nicht Königskinder,

die durch der Elternliebeglanz gekrönt

und die vom ersten Tag daran gewöhnt,

dass Fröhlichkeit das Leben macht gelinder?!"

„Ich habe euch immer gesagt,

ihr müsst die Menschen fröhlich machen.“

Elisabeth von Thüringen

1207, also vor 800 Jahren, wurde Elisabeth geboren.

Als sie zwanzig Jahre alt war, mit zwei kleinen Kindern und jung verwitwet, hat sie dennoch nicht verzagt. Im Gegenteil, Elisabeth baute für die Ärmsten und für die Kranken ein Armen - und Krankenhaus.

Ganzheitliche Fürsorge verstand Elisabeth so:

Nicht nur gleiches Essen und gleiche Medizin für alle, sondern die Räume waren so gestaltet, dass jeder Kranke die Gottesdienste, Gesänge und Gebete miterlebte und zu den Sakramenten freien Zugang hatte.

So gab sie schon im 13. Jahrhundert ein Beispiel, das für die nachkommenden Jahrhunderte bis in die Gegenwart ein Maßstab für eine christliche Betreuung von Leib und Seele bei Kranken und auf Hilfe angewiesenen Menschen wurde.

Die Kraft zu dieser Hingabe hatte sie aus ihrem Glauben und dem Vorbild Jesus Christus geschöpft:

„Du sollst Gott, deinen Herrn, lieben

von ganzem Herzen, von ganzer Seele

und mit allen deinen Kräften.

Und deinen Nächsten wie dich selbst.“

Lukas 10, 12.

„Lasst die Herzen immer fröhlich

und mit Dank erfüllet sein,

denn der Vater in dem Himmel

nennt uns seine Kinderlein.

Immer fröhlich, immer fröhlich,

alle Tage Sonnenschein.

Voller Schönheit ist der Weg des Lebens,

fröhlich lasst uns immer sein!"

J. A. Reitz, (1838 – 1904)

„Lasst Euch doch zu Eltern krönen,

mit den Töchtern und den Söhnen,

gründet ein Familienreich –

macht's den Freudenfürsten gleich!"

„Wenn du in Kinderaugen schaust,

klares Vertrauen dir entgegen braust.

Als ob ein Paradies dich sähe –

spürst du die Nähe?!"

„Der ewig reiche Gott

woll uns in unserm Leben

ein immer fröhlich Herz

und seinen Frieden geben

und uns in seiner Gnad'

erhalten fort und fort

und uns aus aller Not

erlösen hier und dort"

Martin Rinckart, (1586 – 1649)

„Es ist doch nicht das Geld,

was unser Land erhält.

Es ist, dass Männer, Frauen,

fröhlich dem Leben trauen

und mit Mut Zukunft bauen –

in Kinderaugen schauen!"

„Lachen, Schauen und Vertrauen,

fröhlich sie auf Zukunft bauen,

Kinder sind so, sind ein Gut,

machen mit – und machen Mut!"

„Sollt ich meinem Gott nicht singen,

sollt ich ihm nicht fröhlich sein?

Denn ich seh in allen Dingen,

wie so gut er's mit mir mein'.

Ist doch nichts als lauter Lieben,

das sein treues Herze regt,

das ohn Ende hebt und trägt,

die in seinem Dienst sich üben.

Alles Ding währt seine Zeit,

Gottes Lieb in Ewigkeit."

Paul Gerhardt, (1607 – 1676)

1607, also vor 400 Jahren, wurde Paul Gerhardt geboren.

Er erlebte seine Kindheit und Jugend im 30-jährigen Krieg. Auch später musste er viel Leid hinnehmen; er überlebte vier seiner Kinder und auch seine Gattin. Wegen seines Glaubens wurde der Pfarrer Paul Gerhardt sogar von seinem Kurfürsten des Amtes enthoben. Dennoch lebte ein großartiger Glaube in seinem Herzen.

Die wunderbaren und zeitlosen Verse machen uns heute noch sehr fröhlich, wenn wir sie hören oder auch singen.In vielen seiner Lieder ermuntert er zum Singen, getreu dem Psalm 98:

„Singet dem Herrn ein neues Lied, denn er tut Wunder!"

„Jünglinge straucheln und fallen.

Aber die auf den Herrn harren, kriegen neue Kraft,

dass sie auffahren mit Flügeln wie Adler,

dass sie laufen und nicht matt werden,

dass sie wandeln und nicht müde werden."

Jesaja 40, aus 30. und 31.

„Wann schenkt Gott wieder neue Kraft,

der wunderbare Kinder schafft?

Wenn wir zum Vater und zum Sohn

Vertrauen haben – welch ein Lohn!"

„Wenn Kindermund

macht Wahrheit kund,

dann wage doch zu fragen –

wir werden es ertragen.“

„Wohlauf, mein Herze, sing und spring'

und habe guten Mut!

Dein Gott, der Ursprung aller Ding

ist selbst und bleibt dein Gut."

Paul Gerhardt, (1707 – 1776)

„Kinder lernen gerne

aus Nähe und aus Ferne,

lehre ihnen das, was gut,

doch mit Fröhlichkeit und Mut!"

„Architekten des Lebens

schaffen Kindern Raum,

deshalb ist ihr Traum

nie vergebens!"

„Kleine Tropfen Wasser,

kleine Körnlein Sand,

machen's große Weltmeer

und das weite Land.“

Julia Carney, (1824 – 1908)

„Mein Kind,

auch Dir ist diese Welt gemacht,

wir sind für dich – hab' acht –

bestimmt!“

„*Schenk jedem Menschen ein Lächeln!*"

Mutter Teresa, (1910 – 1997)

1997 starb Mutter Teresa. Hier ihre Worte zur Fröhlichkeit an ihre Mitschwestern:

„Meine Kinder, lasst uns Jesus mit ganzem Herzen und ganzer Seele lieben! Lasst uns ihm viele Seelen bringen!

Lächelt! Lächelt Jesus in Eurem Leiden an – denn um eine echte Missionarin der Nächstenliebe zu sein, müsst Ihr fröhliche Opfer sein! Ihr müsst nichts Besonderes tun, nur Jesus erlauben, ein Leben in Euch zu leben, in dem Ihr hinnehmt, was immer er gibt, und gebt, was immer er nimmt, mit einem strahlenden Lächeln! Die Armen brauchen nicht nur Pflege und Zuwendung, sondern auch Freude, die zur Nächstenliebe gehört. Wenn wir den Menschen keine Freude bringen, werden die Armen nie fähig sein, dem Ruf zu folgen und Gott näher kommen. Wir müssen den Armen das Gefühl geben, dass sie geliebt werden, indem wir sie mit Freude lieben. Mit Freude sollen wir Christus in seiner Bettlergestalt begegnen, weil Freude die Frucht der Liebe ist.

Ein fröhliches Herz entwickelt sich ganz natürlich aus einem sich in Liebe verzehrenden Herzen. Wir geben am meisten, wenn wir es mit Freude tun. Es ist die Freude des Gebens, die Freude, Liebe in das Leben der Menschen zu bringen, die uns alle erhält."

„O Wunderliebe, die mich wählte

vor allem Anbeginn der Welt,

und mich zu ihren Kindern zählte,

für welche sie das Reich bestellt.

O Vaterhand, o Gnadentrieb,

der mich ins Buch des Lammes schrieb.“

Johann Hermann, (1707 – 1791)

„Kinder werden uns gegeben,

mal gewünscht und mal geschenkt,

aktivieren unser Leben,

fröhlich, wie es keiner denkt.“

„*Fröhlich gehen wir durch die Welt,*

wenn die große Hand die kleine hält,

wenn man mutig auf die Zukunft zählt

und sehen kann: ein Kind wird Held."

„Lasst uns fröhlich Lieder singen,

eins im Lieben in dem Herrn!

Nur der Liebe kann's gelingen,

Neid und Hader bleibe fern!"

Samuel Wesley Martin, (1889 - ?))

"Leben

heißt Nehmen und Geben.

Heute auf Gestern das Morgen bauen

und Vertrauen.

An Eltern und an Kinder denken

und geschenkt sich selbst verschenken."

„*Unsre Vögel auf den Bäumen*

wissen wohl, wovon sie träumen

und zu ihrem Hochzeitsfest

bauen sie ein schönes Nest.

Lasst uns Menschen doch auch „trauen"

und in Kinderaugen schauen –

seht, fröhlich das Glück einzieht,

Wurzeln schlägt und wächst und blüht!"

„Es kommt die Zeit,

wo wir auf tausend Weisen – o Seligkeit -

dich, unsern Vater, preisen,

von Ewigkeit zu Ewigkeit. "

Georg Gessner, (1765 – 1843)

„Wie bleibt lebendig unsre Zeit

bis in die weite Ewigkeit?

Wenn stets das Gute, was man nimmt,

gibt fröhlich weiter - an ein Kind! "

„In meinen Kinderbücherträumen

fand ich ein weites, grünes Land.

Doch später nahm ich unter seinen Bäumen

die eignen Kinder fröhlich an die Hand.“

1907, also vor über 100 Jahren, wurde Astrid Lindgren geboren.

Als ich 7 Jahre wurde, bekam ich den Ausweis für die Stadtbücherei. Die Bücher der schwedischen Autorin gehörten zu meinen ersten Leseerfahrungen.

Viele Bücher der Kinderbuchautorin las ich mehrmals, soviel Freude machten mir die fröhlichen Abenteuer.

1989 hatten wir den ersten Urlaub in Schweden. Wir waren mit unseren beiden Söhnen dort.

Durch die Preisfrage: „Warum ist Kinderhaben so schön?“ sind wir für 3 Wochen nach Älvdalen/Dalarna gekommen. 7 Gedichte hatte ich beim Deutschen Familienverband eingereicht. Der 3. Vers gewann (s. Seite 21)

In Älvdalen lernten wir Kersti und Lars Göran kennen und eine wunderbare Freundschaft begann. Diese fröhliche Familie hatten 7 Kinder, das passte gut zu den 7 Gedichten! 1997 hatten uns unsere Freunde wieder nach Schweden eingeladen und in der Zwischenzeit besuchten sie uns hier zweimal in Deutschland. Wir trafen uns 2019 wieder in Schweden.

„*Ein Gärtner geht im Garten*

und seht, wie er sich freut,

wenn sich bei seinen zarten

Blümlein ein neues zeigt!“

„Gleich wie die schimmernden Sterne erblassen

strahlet der leuchtende Morgen sie an.

wirst du die Welt und ihr Tagwerk verlassen.

Eines besteht: was du liebend getan!

Eines bestehet, nimmer vergehet,

nimmer vergehet was du liebend getan.

Wirst du die Welt und ihr Tagwerk verlassen,

nimmer vergeht, was du liebend getan.“

Heinrich Bonar, (1808 – 1889)

„Wie herrlich sind doch die Sterne,

wir sehn sie, trotz der Ferne.

Doch Kinderaugen strahlen weiter,

bis tief ins Herz – und machen heiter!“

„Lobe den Herren

der deinen Stand sichtbar gesegnet,

der aus dem Himmel

mit Strömen der Liebe geregnet!

Denke daran,

was der Allmächtige kann,

der dir mit Liebe begegnet."

Joachim Neander, (1650 – 1680)

„Denk' fröhlich an Kinderzeiten,

deinen Start ins Leben,

und danke den Eltern heute,

die dir dich gegeben.

Denk an deine Möglichkeiten,

schaff auch neues Leben,

dankbar sehen deine Leute

Enkel zu sich streben!"

„*Ein neues Licht erblickt die Welt,*

Ereignis der Freude, die anhält.

Ist das größte aller Wunder auch erst klein,

lasst uns froh und dankbar sein!“

„O du treuster Freund, vereine

deine dir geweihte Schar,

dass sie es so herzlich meine,

wie's dein Wille immer war,

und dass, wie du eins mit ihnen,

also sie auch eins stets sein,

sich in wahrer Liebe dienen

und einander gern erfreun.".

Nikolaus Ludwig Graf von Zinzendorf, (1700 – 1760)

„Das ist und bleibt die schönste Gabe,

für jedes Paar, die Kinderhabe.

Ein Leben bleibt nicht gern allein –

will fröhlich sein …"

Einer	hat für uns sein Leben
	voller Liebe hingegeben.
	Um zum Vaterhaus zu leiten
	Konnte er den Weg bereiten.
trage	Jesum drum im Herzen,
	denk auch mal an seine Schmerzen.
	Nie vergiss in deinem Leide:
	Jesus ist dein Grund zur Freude!
des	Erbarmers Gnadengaben
	sind auch heute noch zu haben.
	Kommt! Und hört den Guten Hirten,
	alle möchte er bewirten.
andern	sagt es gern mit Singen,
	dass wir fröhlich Dank ihm bringen.
	Und zusammen lasst uns streben,
	Immer mehr in ihm zu leben.
Last	gemeinsam dann getragen
	bringt uns niemals zum Verzagen;
	denn das ist des Heilands Willen
	dass wir sein Gesetz erfüllen.

Birger Forell wurde 1893 in Söderham/Schweden geboren. Zu seinem 100. Geburtstag, also 1993, brachte die Deutsche Bundespost eine Briefmarke zu seinem Gedächtnis heraus. Die Marke zeigte ein Kreuz und den Text aus Galater 6, 2: ***„Einer trage des anderen Last!"***

Schon während seines theologischen Studiums wird Forell Sekretär und Mitarbeiter des schwedischen Erzbischofs Nathan Söderblom (Friedensnobelpreisträger).

1929 geht er als Gesandtschaftspfarrer der schwedischen Gemeinde nach Berlin. In der bekennenden Kirche wird Birger Forell im 3. Reich zum Retter und Beschützer.

1943 beruft ihn der Weltkirchenrat zur Betreuung deutscher Kriegsgefangener nach England. Nach dem 2. Weltkrieg gründet er mit Hingabe die Flüchtlingsstadt Espelkamp und hat Tausende durch Nächstenliebe wieder fröhlich gemacht!

„Wenn der HERR die Gefangenen Zions erlösen wird, so werden wir sein wie die Träumenden. Dann wird unser Mund voll Lachens und unsere Zunge voll Rühmens sein. Dann wird man sagen unter den Heiden: Der HERR hat Großes an Ihnen getan! Der HERR hat Großes an uns getan;des sind wir fröhlich!"

Psalm 126

„Ich weiß ein herrlich' Land,

nach dem mein Herz sich sehnt,

an jenem goldnen Strand,

wo ewig Lob ertönt."

Verfasser unbekannt

„Im Königskinderland

reichen wir uns die Hand,

reißen in Mauern Lücken

und bauen daraus Brücken.

Im Königskinderland

sind wir alle verwandt

und haben einen Vater,

sein Geist heißt Trost, Berater.

Im Königskinderland

wird nicht gebaut auf Sand.

Dem Felsen wir vertrauen

und Jesus fröhlich schauen."

„*O du fröhliche, o du selige,*

gnadenbringende Weihnachtszeit!

Himmlische Heere jauchzen dir Ehre:

Freue, freue dich, o Christenheit!

Heinrich Holzschuher, (1798 – 1847)

"Find das Kind!

Geboren, auserkoren,

in der Krippe einst gelegen

will es alle tief bewegen.

Find das Kind

der dritten Welt, das sich quält!

Fröhlich soll es weiterleben;

deine Hand kann manches geben.

Find das Kind

ohne Kraft der Nachbarschaft!

Du musst immer gut hinhören,

keiner darf es doch zerstören.

Find das Kind

unterm Herz, vermeide Schmerz!

Es möchte gerne bei dir bleiben,

lass es deshalb nicht abtreiben!

Find das Kind,

das in dir, habe Gespür!

Gott sei ewig dir ein Vater

und sein Geist Trost und Berater!"

„Denn, HERR, du lässest mich fröhlich singen von deinen Werken, und ich rühme die Taten deiner Hände."
Psalm 92, 5.

„Aller Welt

Alle Wunder dieser Welt

sind vom lieben Gott bestellt.

Macht die Ohren auf und hört,

was sein Schöpferwort uns lehrt.

Alles Licht der ganzen Welt

hat sein Vaterwort erhellt.

Macht die Augen auf und seht,

dass den rechten Weg ihr geht.

Allen Dank aus unsrer Welt

bringen, die sein Geist erwählt.

Macht den Mund bereit und singt,

fröhlich es zum Himmel klingt.

Und das Heil für alle Welt

hat uns Gottes Sohn erstellt.

Macht die Herzen auf und liebt –

immer lebt, wer Liebe gibt!"

„*Kinder dieser Welt*

Kinder dieser Welt

haben mir eine Frage gestellt:

Kinder der Reichen sterben für Geld,

der Armen unter dem Sternenzelt –

Sind Kinder das STERBEN unserer Welt?

Kinder dieser Welt

haben dir manche Fragen gestellt:

Sie fallen, weil keine Hand mehr hält,

verschmachten, weil Brot und Liebe fehlt –

Sind Kinder nur SCHERBEN unserer Welt?

Kinder dieser Welt

haben uns viele Fragen gestellt:

Wer hat der Kleinen Tränen gezählt,

die gern sich eine Zukunft erwählt –

Sind Kinder noch ERBEN unserer Welt?“

Nachwort

Sind Kinder eigentlich noch aktuell? Heute werden Bücher Bestseller, die sagen, dass man keine Kinder haben sollte.

Und das Wort „fröhlich"? Viele Menschen hören das Lied „O du fröhliche" nur noch kurz vor Weihnachten, damit sie dadurch einen „fröhlichen Kaufrausch" bekommen.

Wer erkennen kann, dass Kinder eine Gabe Gottes sind, der wird dem großen „Fröhlichmacher" danken wollen.

(siehe Psalm 103: „der deinen Mund fröhlich macht")

Mögen die alten und neuen, bekannten und unbekannten Texte und Verse dem Leser viel Freude bereiten.

Ein Bild sagt mehr als tausend Worte, deshalb bin ich auch Frau Ingeborg Burghard und Udo Gritzan sehr dankbar, dass sie unser Buch mit ihren Bildern ergänzt haben.

Es hat mir dazu Freude gemacht, einige Persönlichkeiten vorzustellen, die aus ihrem großartigen Glauben die Kraft geschöpft haben, Menschen fröhlich zu machen.

Sie haben nun das „Hohelied der Fröhlichkeit" gelesen, „singen" sie es doch einfach mit!

„Leuchtfarbenfröhlich

Durch die Stille unendlichen Raumes

glüht einsam die goldene Sonne.

Der blaue Planet umkreist sie liebevoll

in Millionen Jahren und Herzen.

Wunderweise weben wir weiter,

denn fröhlich

leuchten unsere Herzen

wie Edelsteine und Sterne.“

„Lichtblicke

Schau fröhlich in der Sterne Raum und denke:

Welch ein wacher Traum!

Doch sehen kann das All sich nicht –

Es braucht dein staunend Geisteslicht.“

„Das Licht der Gerechten brennt fröhlich …“

aus Sprüche Salomos 13, 9.

„Dein Wort ist meines Fußes Leuchte

und ein Licht auf meinem Wege.“

Psalm 119, 105

„Das Hohelied vom Licht

Ich liebe, Herr, dein Licht,

sein Wesen, still und schlicht,

es ist so schön und klar,

wohlwarm und immer wahr.

Ich liebe Herr dein Licht,

das Dunkel mag ich nicht,

selbst in der tiefsten Nacht

hilfst du mir auf der Wacht.

Ich liebe Herr dein Licht

und fürchte kein Gericht,

geh gern auf Gottes Pfad,

lebe von seiner Gnad’.

Ich liebe, Herr, dein Licht

und wenn mein Auge bricht,

seh’ ich die Herrlichkeit

bei dir in ew’ger Freud.“

„Gottesdienst

Gott hat uns eingeladen,

kommt fröhlich in sein Haus!

Aus schwerem Leid und Schaden

möcht er uns ziehn heraus.

Sein Wort berührt die Seele

und macht die Herzen rein.

Von tiefster Kummerhöhle

will er uns gern befrein.

Und Jesu Lieb' und Leben

schenkt hier besondre Kraft,

dass wir uns dem ergeben,

der die Versöhnung schafft.

Vom Heilgen Geist gelehret

wir seinen Boten traun;

Christus uns bald erhöret

und wir sein Kommen schaun.

Hören wir Sänger singen,

wie einen Engelchor,

erheben ihre Schwingen

uns froh zu Gott empor.

Wenn die Gemeinde betet,

Fessel und Mauer bricht,

und dem, der längst ertötet,

scheint neu der Gnade Licht.

Gott hat uns eingeladen

in seine Gegenwart.

Gedenkt: Auf seinen Pfaden

die Vaterhand bewahrt!"

„Danken und Denken

Danken kommt von Denken,

Gerne geben, Schenken,

Nutze deshalb Kopf und Herz,

blicke fröhlich himmelwärts.“

„Gedanken zum Nachdenken:

Nach Denken geh Danken!“

„Danke zuerst

Danke deinem Gott zuerst,

wenn du in sein Haus einkehrst.

Wort und Gnade will er geben,

deinen Glauben neu beleben.

Fröhlich können wir dann singen,

unserm Vater Lobpreis bringen.

Danke deinem Gott zuerst,

wenn du Nächstennot erfährst.

Denn du kannst für ihn eintreten

und mit Herz und Händen beten.

Suche aber auch zu handeln,

mit dem Vater Leid zu wandeln.

Danke deinem Gott zuerst,

wenn von Jesus Christ du hörst.

Dass, wenn er dann ist gekommen,

alle werden angenommen.

Lasst uns deshalb heute wagen

Frohe Botschaft weitersagen!"

Sollt ich meinem Gott nicht singen,

sollt ich ihm nicht fröhlich sein?

Wie Paul Gerhardt den dreieinigen Gott preist

von Wilfried Nill

ISBN: 9783945462676, 56 Seiten, € 5,90

Lasst uns fröhlich Lieder singen!

Die Auswirkungen des Gesangbuchs auf Gesellschaft und Gemeinde in seinen 500 Jahren

von Hans-Jürgen Sträter

ISBN: 9783758308154, 44 Seiten, € 5,00